Le Musée en herbe
Sylvie Girardet, Claire Merleau-Ponty, Anne Tardy, rêvaient d'un musée pas comme les autres, un musée où… on s'amuserait. Elles ont fondé le MUSÉE EN HERBE, installé dans le jardin d'acclimation et à la halle Saint-Pierre à Paris. Chaque exposition est une fête à laquelle participent les enfants, mais aussi les plus grands. Les visiteurs ont déjà pu y rencontrer Léonard de Vinci, y croiser des dragons et des éléphants, y découvrir la Tour Eiffel, tout apprendre sur les plumes des oiseaux et y vivre comme de vrais Gaulois ou des Aborigènes d'Australie ! Elles écrivent aussi des livres où elles racontent des histoires qui parlent d'art, de science ou d'histoire, des histoires vraies qui font rêver.

Fernando Puig Rosado
Ce dessinateur humoriste est né un 1er avril, sous le soleil de l'Espagne. Cofondateur, avec Desclozeaux et Bonnot, de la Société Protectrice de l'Humour, il met son talent au service de tous : petits et grands. Ses dessins illuminent aussi bien des revues scientifiques, des journaux d'actualité, les publications de Bayard-Presse que les livres pour enfants. De nombreux animaux irrésistibles et attendrissants sont déjà nés sous ses crayons.

Auteurs : Sylvie Girardet, Claire Merleau-Ponty, Anne Tardy
Dessins : Puig Rosado
Conseiller scientifique : Christian Erard,
ornithologue, professeur au Muséum national d'histoire naturelle
Conception graphique de la collection : Florence de Andia, Joëlle Leblond
Photocomposition : Equipage
Photogravure : Chaplain

Loi 49956 du 16 juillet 1949 sur les publications destinées à la jeunesse.
ISBN 2.227.71806.4

Musée en herbe

Sylvie Girardet, Claire Merleau-Ponty, Anne Tardy

Chouette, des hiboux !

Puig Rosado

BAYARD ÉDITIONS

La lettre du savant

Les oiseaux de nuit effraient et inquiètent. Liées à la peur de l'obscurité ou à celle de la mort, trop de superstitions subsistent. Par contre, leur manière d'utiliser les sons pour se diriger et chasser, leur plumage, leur anatomie et leur mode de vie fascinent les naturalistes par leurs étranges particularités.

Aux côtés des rapaces, d'autres oiseaux peuplent aussi la nuit, méconnus, craints, porteurs de légendes ou simplement étonnants.

Ainsi, dans les forêts équatoriales du Gabon, vit un râle mystérieux qui émet une longue plainte sifflée. Les croyances africaines attribuent ce chant nocturne qui semble venir de partout et de nulle part, à un caméléon, à un escargot ou même à un crabe !

Les cris et gémissements des puffins, ces oiseaux marins qui vivent en bande sur des îlots déserts et ne

rejoignent leurs nids creusés dans le sol qu'à la nuit tombée, ressemblent à la voix humaine : la légende en a fait des âmes de marins péris en mer qui viendraient, la nuit, se lamenter près des vivants.

Moins effrayants, les podarges asiatiques ou les ibijaux américains passionnent aussi les naturalistes : les premiers à cause du volume de leur bec, les seconds par la subtilité de la coloration de leur plumage qui, combinée à une posture particulière de repos, offre un camouflage parfait.

Puisse ce livre, à travers les engoulevents, chouettes, guacharos ou autres hiboux qu'il présente, contribuer à démentir les superstitions vivaces, faire cesser les massacres inutiles et développer l'intérêt pour les oiseaux de la nuit, si captivants.

Christian Érard, ornithologue, professeur au Muséum national d'histoire naturelle de Paris

Les rapaces nocturnes forment une grande famille de deux cent quarante espèces différentes. Treize espèces vivent en Europe. En France, tu peux rencontrer cinq chouettes : l'effraie, la hulotte, la chevêche, la chevêchette, la chouette de Tengmalm et quatre sortes de hiboux : le grand-duc, le moyen-duc, le petit-duc et le hibou des marais.

Pour se nourrir, les rapaces chassent le plus souvent des animaux vivants, mais certains préfèrent les bêtes mortes. Ils ont des becs crochus et solides. Les chasseurs surtout ont des serres puissantes.

Les amis de la nuit

Du minuscule **oiseau-mouche** à la grande **autruche,** il existe sur terre plus de 8 600 espèces d'oiseaux. Certains, comme les **aigles** ou les **faucons,** chassent le jour. Les autres attendent la nuit pour attaquer leurs proies : ce sont les rapaces nocturnes. Ils vivent dans tous les pays du monde,

sauf sur les banquises du pôle Sud
et quelques îles. Ils habitent
les déserts, les forêts, les plaines,
les montagnes, les bords de mer,
et même les banlieues et les villes.
Tu vas découvrir quelques-uns
de ces amis de la nuit : les **chouettes,**
les **hiboux** et leurs cousins,
les **effraies** ou les **engoulevents**.

Sais-tu que les hiboux et les chouettes existaient déjà il y a 60 millions d'années ?

Le roi du camouflage

La couleur des plumes des oiseaux de nuit les aide à passer inaperçus dans la nature. Leur plumage, de tous les tons de gris, brun et noir, a la couleur de la nuit, ce qui les rend invisibles.
Le jour, après la chasse, ils se reposent sur des rochers ou des troncs d'arbres.
Ils peuvent rester tout à fait immobiles

Les oiseaux sont les seuls animaux à porter des plumes. Elles leur sont utiles pour voler et pour avoir chaud, et aussi pour se protéger de l'eau, car elles sont imperméables. Elles leur permettent en outre de se faire beaux ou de passer inaperçus !

De la naissance à l'âge adulte, les oiseaux changent de plumes plusieurs fois, avant de revêtir leur plumage définitif. Selon les espèces, les adultes muent une ou deux fois par an.

pendant des heures, le cou tendu
dans le prolongement de la branche
qui leur sert de perchoir.
Leurs plumes se confondent avec
le support sur lequel ils s'installent
et constituent une parfaite tenue
de camouflage.

Le plus vieil oiseau
connu porte un drôle
de nom : il s'appelle
l'archéoptéryx.
Il vivait il y a plus de
160 millions d'années.
C'était une sorte
de petit dinosaure
à plumes, avec des ailes
griffues.

Tous les rapaces
nocturnes chassent
du crépuscule à l'aube,
sauf la chevêche
et le harfang, qui
chassent aussi le jour.

Les rapaces nocturnes
chassent plus à l'oreille
qu'à la vue.

Des chasseurs sachant chasser

Les **chouettes,** les **hiboux** et tous leurs cousins sont de très bons chasseurs. Leur bec crochu et leurs griffes acérées sont des armes redoutables, de vrais poignards ! Silencieux et invisibles, telles des ombres, ils volent sans bruit dans le noir. Les taupes, les hérissons et les petites souris ont peu de chances d'échapper à de tels adversaires !

Les bords frangés de leurs ailes et leurs plumes recouvertes d'un fin duvet velouté étouffent le bruit de leur vol.

Œil de lynx et oreille fine

Toutes les chouettes ont une troisième paupière. Elle sert à nettoyer et à humidifier l'œil.

Grâce à leurs yeux perfectionnés, les rapaces nocturnes se repèrent facilement la nuit, même lorsque la lune est cachée par les nuages. Il leur suffit d'une petite lueur pour voir aussi bien que nous en plein jour. Leurs grands yeux sont immobiles, mais leur tête tourne si bien

Les hiboux hochent la tête pour mieux distinguer, dans l'ombre, les taches claires des taches sombres.

qu'ils peuvent voir derrière eux !
Ces grands chasseurs ont surtout l'oreille fine : pas un son ne leur échappe, et ils savent tout de suite d'où il vient. Ils repèrent leur victime au bruit. Gare au petit mulot qui fait craquer une branche derrière une chouette. Un tour de tête en arrière et hop! il sera croqué.

De petites plumes plantées sur la tête comme des « oreilles » les aident à capter les sons et à savoir d'où ils viennent.

Les yeux des rapaces sont placés sur l'avant de la tête et non sur les côtés comme chez les autres oiseaux. Ainsi, ils voient bien le relief et les distances.

Les secrets des pelotes

Les rapaces nocturnes tuent pour se nourrir. Ils adorent les animaux vivants et se régalent de petits rongeurs, de grenouilles, d'insectes, de poissons, d'oiseaux... et même parfois de gros hérissons !
Ce sont de vrais goinfres : ils avalent leurs proies telles quelles !
La digestion est longue. Au bout de quelques heures, ils recrachent de petites boulettes allongées, les pelotes de rejection. Elles contiennent des os, des poils, des carapaces d'insectes... bref, tout ce qui est indigeste.
Elles sont nombreuses autour des nids et des perchoirs.

En observant la couleur et la forme de ces pelotes et en les décortiquant (elles sont très propres !), on peut savoir quel oiseau les a crachées et connaître son dernier menu.

Les pelotes de rejection sont très utiles : elles nettoient le tube digestif.

Ces oiseaux font aussi des crottes : les fientes.

Lorsque l'hiver arrive, les proies se font rares, car elles se cachent dans leurs refuges ou s'endorment. Petites et grandes chouettes meurent parfois de faim.

Hou-ô hou ô-haeck ou haeck

C'est le vrai chant d'amour du **hibou grand-duc** et de sa femelle.
Lorsqu'ils ne chassent pas, les rapaces nocturnes sont parfois très bruyants.
Ils crient de peur, ils grondent ou claquent du bec pour intimider l'ennemi, ils lancent des cris d'appel pour se retrouver dans la nuit et ils chantent pour marquer leur territoire, c'est-à-dire l'endroit où ils vont faire leur nid.

Aucun rapace nocturne ne construit de véritable nid : ils s'installent dans des trous d'arbres, des creux de rochers ou dans des nids abandonnés. Quelques-uns nichent au sol.

Les rapaces nocturnes forment des couples unis pour la vie.

A la fin de l'hiver, lorsque la saison des amours arrive, quel raffut ! Les mâles chantent à tue-tête pour attirer une femelle. Ils volent autour d'elle pour la séduire : c'est la parade nuptiale. Ils chassent de leur territoire les autres mâles. Le nid est choisi, la femelle est là, tout est prêt pour fonder une petite famille !

Petits, petits, petits...

En liberté, les rapaces vivent probablement en moyenne dix ans, mais on ne le sait pas précisément. En captivité, leur vie est plus longue : un grand-duc d'Europe est mort à soixante-huit ans !

Les œufs des chouettes et des hiboux sont blancs. Ceux des engoulevents sont clairs. Ainsi les parents ne risquent pas de les écraser dans l'obscurité.

La femelle attend le mâle sur un rocher. Celui-ci se pose sur elle quelques secondes. Bientôt, la femelle pond des œufs. Elle les couve un mois environ pour les garder bien au chaud. Pendant ce temps, le mâle chasse pour la nourrir. Dès leur sortie de l'œuf, les oisillons sont affamés : lorsqu'un des parents arrive avec une proie,

c'est la bagarre entre frères et sœurs !
Au fil des jours, ils apprennent à voler
et commencent à explorer le monde.
Six mois plus tard, quand vient l'été,
ils sont devenus de vrais chasseurs
capables de se nourrir
et de se défendre tout seuls.

Un poussin qui vient de naître a encore au bout du bec une petite dent dure, le diamant, qui lui a permis de casser sa coquille.

Le « guépard de la nuit »

Le grand poète Charles Baudelaire, qui vivait au siècle dernier, a écrit un poème appelé *les Hiboux,* dont voici la première strophe :
Sous les ifs noirs qui les abritent,
Les hiboux se tiennent rangés,
Ainsi que des dieux étrangers,
Dardant leur œil rouge. Ils méditent.

Le **hibou grand-duc** est le plus grand des rapaces nocturnes. Les Arabes l'appellent le « guépard de la nuit » : c'est un chasseur impressionnant. Aujourd'hui, il est rare. Il ne vit plus que dans des régions inaccessibles, loin des hommes, ou... dans des zoos. En captivité, il est très docile, mais quelle tristesse de voir ce roi de la nuit et des grands espaces en cage !

Nom : hibou grand-duc

Nom savant : Bubo-bubo

Adresse : Europe, Asie Centrale, Afrique du Nord ; les plus grands habitent la Sibérie.

Taille : 72 cm.
Ailes déployées, il mesure 180 cm ; la femelle est plus grande que le mâle.

Nid : niches sur des rochers escarpés, nids d'autres oiseaux, creux du sol.

Œufs : 2 ou 3 œufs blancs.

Couleur des plumes :
gris-brun-roux-noir, blanc et orange.

Couleur des yeux :
orange

Le grand-duc est le plus gros des hiboux : il mesure 72 cm et pèse 2 à 3 kilos. La plus petite chouette vit en Amérique du Sud. Elle mesure 12 cm et pèse à peine 30 grammes, le poids d'un abricot.

La dame des bois

Tu peux rencontrer la **chouette hulotte**
ou le **chat-huant,** son mari,
dans les fermes abandonnées.
Pendant les nuits de la fin de l'hiver,
le mâle hulule « hououh-hou-hou ou ou
ou ou ou ou ou ou ouh », et la femelle

Nom : chouette-hulotte ou chat-huant

Nom savant : Strix aluco.

Adresse : : forêts, rochers, parcs de villes et villages ; Europe, Afrique du Nord et Asie.

Taille : 41 cm ; les femelles sont plus grandes que les mâles.

Couleur des plumes : gris brun ou brun.

Couleur des yeux : brun.

Œufs : 3 à 5 oeufs blancs

Nid : creux d'arbres ou de rochers, terriers de renards et de blaireaux, vieux nids de rapaces diurnes et corbeaux, creux dans le sol.

lui répond « tjouwitt ». Drôle de dialogue ! **La chouette hulotte** mange surtout des petits mammifères, mais en hiver, lorsque les rongeurs se cachent pour dormir ou pour se réchauffer, elle se nourrit aussi d'oiseaux.

La dame de cœur

Malgré son nom, l'**effraie** n'a rien d'effrayant. Au contraire, elle a un joli masque en forme de cœur blanc, mais elle est bien bruyante : en vol, elle pousse des cris stridents, dans le nid... elle ronfle, et pendant la saison des amours elle pousse de longs « chrrrrruh »... Dans la nuit, peut-être as-tu déjà entendu, ou même aperçu au fond de ton jardin la « dame blanche ».

Nom : chouette effraie

Nom savant : Tyto alba.

Adresse : Champs, prairies, bois, villages et villes ; partout, sauf en Asie et dans les îles du Pacifique.

Couleur des plumes : Blanc roux-orangé et gris perle.

Couleur des yeux : marron foncé.

Taille : 35 – 40 cm.

Nid : vieux murs, arbres creux, fissures de rochers, amas de paille.

Œufs : 4 à 7 oeufs blancs

dis maman, pourquoi elle ronfle la dame ?

La reine des neiges

Cette infatigable **chouette des neiges** chasse nuit et jour.
Avec son plumage blanc, elle se confond avec la neige qui recouvre son territoire.
Le **harfang** mâle pousse de bruyants « hoho », « kraou-kraou » dans la nuit polaire.

Nom : chouette harfang

Nom savant : Nyctea scandiaca

Adresse : marais, tundra et bords de mer; pôle Nord.

Taille : 65 cm.

Couleur des plumes : blanc légèrement taché de roux.

Couleur des yeux : jaune doré entouré de noir.

Nid : trou dans un rocher ou au sol, garni de mousse et de plumes

Œufs : 4 à 10.

Cette chouette se nourrit de lemmings,
des petits rongeurs qui vivent
au pôle Nord.
Certaines années, lorsque ceux-ci
quittent le pôle, la chouette harfang les suit
et arrive jusque chez nous.

Un amateur de fruits

Cet oiseau adore les fruits des lauriers, des palmiers et du balsamier, un arbre à l'odeur délicieuse. Les adultes font parfois vingt-cinq kilomètres pour en trouver ! Grâce à ce régime, les bébés deviennent vite grassouillets.
Les **guacharos** se repèrent dans l'obscurité de leurs grottes en poussant des petits « klick-klick ». Répétés par l'écho, ces cris leur permettent de ne pas se cogner contre les parois.

Nom : guacharo.

Nom savant : Steatarnis caripensis.

Adresse : uniquement dans les grottes ; nord de l'Amerique du Sud.

Taille : 45 cm.

Couleur des plumes : brun roux avec des points blans.

Couleur des yeux : marron.

Nid : Au sol, dans les grottes.

Œufs : 2 à 4.

19 Km.
23Km.
15 Km.
5

Le « tète-chèvre »

L'**engoulevent,** cet amateur d'insectes, vole... la bouche ouverte : de petites plumes très fines plantées autour de son bec lui rabattent les insectes au fond de la gorge.
Par une nuit claire et chaude, n'as-tu jamais entendu le ronronnement continu du mâle qui parcourt son territoire ? Dans l'Antiquité, on l'appelait le tète-chèvre parce qu'il survolait les troupeaux pour attraper les insectes qui volent autour d'eux ; on croyait qu'il tétait les chèvres !

Nom : engoulevent d'Europe.

Nom savant : Caprimulgus europalus.

Adresse : en Europe (sauf dans le Grand Nord), d'avril à octobre ; passe l'hiver en Afrique du Sud et de l'Est.

Taille : 26 cm.

Couleur des yeux : brun.

Nid : sur la terre nue.

Œufs : 2 oeufs gris et brun.

Couleur des plumes : gris-brun et blanche.

Attention ! tu vas tomber sur un bec !

Diable, une chouette !

Depuis toujours, et encore parfois maintenant, les oiseaux de nuit font peur : leurs cris bizarres, leur chasse silencieuse, leur regard fascinant impressionnent. On disait même autrefois que le cri de la **chouette** annonçait la mort, que

Sur certains tableaux de Jérôme Bosch, un peintre hollandais qui vivait il y a environ cinq cents ans, la chouette et le hibou représentent le Mal.

la **chevêche** suçait le sang des enfants, que le **hibou** accompagnait les sorcières... Pour toutes ces mauvaises raisons, on les clouait sur les portes des granges afin de paralyser le diable et d'éloigner le mauvais sort.

Dans l'Alabama, en Amérique du Nord, dès qu'un hibou se met à chanter, on dit qu'il faut jeter sa chaussure par la porte pour éloigner le mauvais sort.

Compagne d'une déesse

Selon la légende, la **chouette** est l'animal préféré de la déesse grecque Athéna. Cette fille de Zeus, roi des dieux de l'Olympe, aime bien la guerre, mais elle protège les arts et la littérature. Elle est réputée pour sa sagesse et ses connaissances qu'elle partage avec sa compagne la chouette. Athéna possède de nombreux pouvoirs magiques. Elle peut en particulier transformer n'importe qui en oiseau de nuit, pour le punir !

Sur les monnaies antiques de la ville d'Athènes, on peut voir la chouette, l'amie d'Athéna, déesse de la cité.

Sur un vase grec très ancien, le peintre a dessiné une chouette dans la tenue de combat d'Athéna : elle a pris la place de la déesse !

Au Tibet, la chouette est utilisée pour représenter la méditation des prêtres.

S.O.S. Rapaces
nocturnes.
Tu peux les aider :
- en faisant savoir
qu'ils sont utiles et
qu'il faut les protéger ;

- en les laissant
s'installer là où
ils en ont l'habitude :
clochers, anciennes
granges, vieilles
souches d'arbres,
creux de rochers... ;

- en leur construisant
des nichoirs
si c'est nécessaire ;

Qui aime bien, protège bien

Tous les rapaces de la nuit risquent de disparaître !
Ils sont pourtant utiles pour détruire les nombreux animaux rongeurs qui dévorent les récoltes. En plus, ils sont très beaux !
Leur réputation d'oiseaux de malheur a presque disparu et on les persécute de moins en moins. Mais d'autres dangers les guettent. Ils sont nombreux à se faire écraser sur les routes, éblouis par les phares la nuit, ou bien à être électrocutés par les lignes à haute tension ; et, surtout, ils sont souvent chassés de leur territoire par les hommes.

- en remettant en hauteur, pour la protéger de ses ennemis, une jeune chouette trouvée par terre. La nuit, elle appellera ses parents. Elle n'est pas forcément perdue ou abandonnée ;

- en apportant les oiseaux blessés dans un centre de soins spécialisé, comme la Société ornithologique de France du Muséum national d'histoire naturelle de Paris. Il en existe plusieurs en France.

Quand veillent les savants

Les savants dont la passion – et le métier – est d'observer les oiseaux s'appellent des ornithologues. Ceux qui étudient les rapaces nocturnes ont la tâche difficile. Ils doivent veiller toute la nuit et parcourir la forêt avec boussole, magnétophone et lampe-torche. Ils peuvent aussi placer sur le dos des oiseaux un minuscule émetteur de sons qui, grâce à un récepteur particulier, permet de savoir à tout moment où ils se trouvent. C'est ainsi qu'on apprend à connaître leurs habitudes.

Avant de partir en forêt, l'ornithologue établit un plan détaillé de la région pour savoir exactement où se trouvent les oiseaux qu'il observe.

Le savant enregistre l'oiseau dès qu'il se met à chanter. Lorsqu'il a fini, l'ornithologue, guidé par le son, s'approche et passe la bande. L'oiseau, croyant qu'il s'agit d'un compagnon, répond ; le savant peut alors l'éclairer de sa torche et découvrir son ami.

Mais attention ! Lorsque l'oiseau entend les chants, il peut croire qu'un intrus s'est installé sur son territoire, et le quitter. Il faut être spécialiste pour faire ce travail d'enquêteur.

Peux-tu l'aider ?

Ce pauvre **guacharo** du Venezuela a perdu sa friandise préférée : un fruit de laurier qu'il vient de cueillir ; cet **engoulevent d'Europe** vole la bouche ouverte dans l'espoir d'attraper

un moustique, et ce **grand-duc** aimerait croquer ce hérisson. Peux-tu les aider en leur montrant le chemin jusqu'à leur repas d'aujourd'hui ?

Chouette, hibou et compagnie !

Pour trouver la réponse juste, cherche la bonne page.

L'engoulevent se nourrit :
- d'insectes,
- de lait de chèvre,
- de pommes de terre ?

Les pelotes de réjection sont :
- des fils qu'utilisent les chouettes pour faire leur nid,
- les boulettes qu'elles recrachent après leur digestion,
- leurs crottes ?

Hou-ô hou ô-haeck ou haeck, c'est :
- le cri d'un loup qui hurle à la mort,
- la dernière phrase d'une chanson à la mode,
- le chant d'amour du grand-duc ?

Les petites plumes qu'ont les hiboux sur la tête leur servent :
- à les embellir,
- à savoir d'où viennent les sons,
- à leur tenir chaud ?

Le harfang vit :
- dans le désert,
- dans la forêt tropicale,
- au Pôle Nord ?